AF463531

GUERRE AUX ABUS

DE LA CORRUPTION ÉLECTORALE

PAR

CONSTANT FENET
AVOCAT A LA COUR DE PARIS

Plus de candidatures officielles !..

ÉDITION FRANÇAISE

L'ÉDITION BELGE A ÉTÉ ARRÊTÉE A LA FRONTIÈRE

PARIS

CHEZ LES PRINCIPAUX LIBRAIRES
OU CHEZ L'AUTEUR
3, place de la Sorbonne

1869

DE LA

CORRUPTION ÉLECTORALE

GUERRE AUX ABUS

DE LA

CORRUPTION ÉLECTORALE

PAR

CONSTANT FENET

AVOCAT A LA COUR DE PARIS

Plus de candidatures officielles !

ÉDITION FRANÇAISE

L'ÉDITION BELGE A ÉTÉ ARRÊTÉE A LA FRONTIÈRE

PARIS

CHEZ LES PRINCIPAUX LIBRAIRES

OU CHEZ L'AUTEUR

3, place de la Sorbonne

1869

AVANT-PROPOS

La brochure qu'on va lire avait été imprimée en Belgique.

M. le ministre de l'intérieur l'a fait arrêter à la frontière.

Il a trouvé que *la forme et le fond lui étaient désagréables*.

J'ai réclamé par la voie des journaux devant l'opinion publique (1). — On ne m'a pas donné satisfaction.

---

(1) Voir, à l'Appendice, ma lettre au rédacteur de l'*Ordre* d'Arras, numéro du 28 mars 1869. — Voir aussi la protestation des journaux mal pensants : le *Siècle* des 29 et 30 mars ; la *Presse libre* du 31 mars ; la *Liberté*, la *Tribune*, le *Temps*, le *National* et l'*Électeur libre* du 1er avril ; le *Palais* du 2 ; l'*Émancipation* de Toulouse, la *Discussion* de Lyon, du 3 avril de la même année.

J'ai réclamé directement à M. le ministre de l'intérieur. — On ne m'a pas même fait l'honneur d'une réponse.

Sans doute Son Excellence, en travail d'élections générales, n'a pas eu le temps de s'occuper d'une aussi petite misère.

Je me suis alors décidé à faire imprimer ma brochure en France.

Vous jugerez, lecteur, non si Son Excellence avait raison de trouver ma brochure désagréable en la forme et au fond (ce qui m'importe peu, n'ayant jamais pris la plume pour écrire des choses agréables aux ministres), mais bien si ma brochure était honnête, si elle contenait des vérités utiles, et surtout si j'avais le droit de la publier.

Paris, 15 mai 1869.

CONSTANT FENET.

DE LA

CORRUPTION ÉLECTORALE

D'après la Constitution de 1852, tout pouvoir émane du peuple;

C'est par le suffrage universel que cette souveraineté se manifeste et s'affirme.

Faire du suffrage universel l'expression sincère et vraie des sentiments de la majorité doit donc être le but constant de tous ceux qui ont pris cette souveraineté au sérieux, et qui ont cru que la royauté du peuple ne devait pas être une amère dérision.

Est-ce que, dans la situation actuelle, le suffrage universel fonctionne d'une façon régulière?

N'est-il pas altéré dans sa source et dans son principe par les brigues, les corruptions et les violences de l'administration?

Est-ce que cette situation est fatale, et doit-on la subir sans qu'il soit possible d'y apporter aucun remède?

N'y a-t-il là, au contraire, qu'un abus passager qu'on peut détruire en instruisant le suffrage universel, en le disciplinant, en lui apprenant à se servir de ses forces avec intelligence?

Telles sont les graves questions que nous avons l'intention non d'épuiser, mais d'effleurer dans cette petite brochure.

Voyons d'abord quel est actuellement l'état des choses; nous verrons ensuite quel remède on peut y apporter.

Notre œuvre sera avant tout une œuvre de bonne foi. Nous nous tiendrons toujours au-dessus des passions du moment et des haines de partis.

Est-ce à dire que nous ne serons pas passionné? Non. Mais il y a une passion qui aveugle : de celle-là nous saurons nous garantir; il y a, au contraire, une passion qui donne pour ainsi dire du cœur à la vérité, c'est la passion de la justice et du droit : on la retrouvera à chaque page de notre travail.

Sans plus de préambule, entrons en matière.

*
* *

Les dernières élections générales ont-elles été profondément viciées par la fraude, la violence et la corruption?

Oui! mille fois oui!!

Pour vous en donner la preuve avons-nous besoin de recourir aux pamphlets qui ont été écrits contre le gouvernement?

Avons-nous besoin de citer les journaux qui lui sont hostiles?

Nullement.

C'est dans le *Moniteur,* c'est dans le grand journal officiel que nous en trouverons la preuve.

*
* *

Cormenin a dit quelque part : « On corrompait le suffrage restreint avec du champagne, on corrompra le suffrage universel avec du petit vin blanc. »

Comme l'administration a perfectionné ce mode primitif et naïf de corruption!

Voyez plutôt: la période électorale est ouverte, la comédie va se jouer.

Attention! je frappe les trois coups.

Pan! pan! pan!

Le rideau est levé.

Les préfets et les sous-préfets, en habits brodés, sont en scène.

Derrière eux, et pour leur faire cortège, viennent les maires et leurs adjoints, les gendarmes, les gardes champêtres et les facteurs ruraux.

Les électeurs sont aussi là, groupés dans une attitude modeste, parfaitement en rapport avec le rôle qu'ils sont destinés à jouer.

Le sous-préfet de Libourne a la parole :

« Messieurs,

« Le gouvernement doit justice à tout le monde et ne doit ses faveurs qu'à ses amis. Voulez-vous des chemins vicinaux, des maisons d'école? — Votez pour le gouvernement.

« Avez-vous été condamnés en police correctionnelle? — Votez pour le gouvernement, on vous fera remise de la peine.

« Voulez-vous un chemin de fer d'intérêt local? — Votez pour le gouvernement.

« Votez pour le gouvernement! votez pour le gouvernement!

« Nous réparerons vos clochers, nous paverons

vos rues, nous enrichirons vos bureaux de bienfaisance et vos hôpitaux, nous vous prodiguerons des bureaux de tabac, de poste, des abreuvoirs, etc., etc., dix mille *et cœtera.*

« Si vous votez pour l'opposition, allez faire en prison vos condamnations, réparez vous-mêmes vos rues, vos clochers et vos chemins vicinaux ; nourrissez vos pauvres et n'espérez de l'administration qu'un grand luxe de sévérité.

« Vos députés de l'opposition ne peuvent rien pour vous. Je me trompe : ils peuvent vous faire aller en prison, vous faire destituer, révoquer, ruiner.

« Quant aux députés du gouvernement, c'est bien différent.

« Nous avons un bon gros budget de deux milliards trois cents millions. — Ils en ont les clefs.

« Nous avons des places à distribuer à foison. — Ils peuvent en disposer.

« Nous avons le droit de faire grâce, et nous n'avons rien à leur refuser.

« Maintenant, choisissez : vous êtes libres... libres d'aller en prison si le garde champêtre ou les gendarmes vous voient voter pour l'opposition.

« J'ai dit (1). »

Est-ce que ce fait de Libourne est un fait isolé? est-ce qu'il ne se reproduit pas partout, dans les petites villes et dans les communes rurales?

Qui donc aurait l'audace de le contester?

*
* *

Une petite digression maintenant sur l'ingénieuse théorie de M. le sous-préfet de Libourne.

Le gouvernement doit justice à tout le monde. — Vous avez raison, monsieur le sous-préfet. *Mais il ne doit des faveurs qu'à ses amis.* — Ici, permettez-moi une distinction.

Quand un pauvre homme a sué sang et eau pour gagner quarante sous, et qu'il en donne dix à un malheureux qui meurt de faim, il faut s'incliner devant lui : c'est un brave cœur et un homme généreux.

Quand un bourgeois prélève sur sa fortune de quoi élever une maison d'école, de quoi doter un hôpital, il est peut-être moins méritant que le premier, mais il n'a pas moins droit à notre reconnaissance.

---

(1) *Moniteur* du 26 novembre 1863.

Mais, lorsque l'empereur fait largesse au peuple, lui devons-nous des remercîments?

Où donc, s'il vous plaît, prend-il l'argent qu'il distribue?

Est-ce dans son épargne? dans sa fortune personnelle? dans la fortune dont il a hérité de sa famille? est-ce même dans la grasse liste civile que lui alloue généreusement la nation?

Je ne le crois pas.

Quant à sa fortune personnelle, Ténot nous affirme, dans son livre sur le 2 décembre, que sa signature ne s'escomptait plus avant 1852.

Un de ses dévoués nous a dit qu'à cette même époque il ne lui restait plus que cinquante mille francs, et qu'il les avait distribués pour augmenter, pendant ces jours funèbres, le bien-être du soldat.

A-t-il hérité dans l'intervalle?

Je sais bien qu'il a enrichi par des apanages, des places lucratives, etc., etc. :

Ses neveux, ses nièces, ses petits-neveux, ses petites-nièces, ses cousins, ses cousines jusqu'à la quinzième génération;

Ses amis, les amis de ses amis, leurs neveux, leurs nièces, leurs cousins, leurs cousines.

Mais de successions, je n'en vois pas.

Il s'en fallait, du reste, que les Napoléon eussent en Corse les trésors des Rothschild.

Est-ce la comtesse de Téba qui, en l'épousant, lui a apporté toutes les richesses du Pérou et de l'Inde entassées dans les châteaux de ses nobles ancêtres?

Elle avait beaucoup de châteaux... en Espagne, la comtesse de Téba; mais les galions qui portaient la fortune de ses ancêtres avaient tous depuis longtemps sombré.

Quel est donc l'argent que vous distribue le gouvernement?

C'est votre argent, votre argent, entendez-vous, bons et naïfs électeurs? c'est votre propre argent qu'on vous distribue avec tant d'ostentation et de générosité!

On vous prend de la main droite cent sous, et on vous en donne dix de la main gauche, mais seulement quand vous êtes bien sages.

Car, si vous ne faites pas toutes les volontés du gouvernement, on vous retient tout, bien heureux si au lieu de cent sous on ne vous demande pas dix francs!

Comprenez-vous maintenant combien l'empereur est généreux! comme elle est généreuse, l'impératrice! quel enfant charmant c'est que le prince impérial, et comme l'argent coule facilement de ses mains!

Tenez, bons électeurs, un arrangement entre nous : donnez-moi, comme à l'empereur, une grosse liste civile; apanagez mes frères, mes sœurs, mes oncles, mes tantes, mes cousins, mes cousines, etc., etc., cent mille *et cætera*.

Donnez-moi des châteaux, des forêts, des étangs, des mobiliers splendides, des bijoux à parer cent femmes élégantes, et je vous promets de vous donner pour vos clochers, vos chemins, vos rues, vos canaux, vos maisons d'école, vos hôpitaux, etc., etc., etc., dix fois plus que ne vous donnent l'empereur et son auguste famille, et je vous fais grâce de la reconnaissance.

Le gouvernement doit justice à tous, avez-vous dit, monsieur le sous-préfet.

Soit. Mais si l'argent que vous distribuez ne sort ni de votre fortune ni de la fortune personnelle de l'empereur, mais bien de l'épargne des citoyens, il n'est entre vos mains qu'à titre de mandat, et certes il ne vous a pas été confié par les contribuables pour faire largesse à vos amis et corrompre le suffrage universel.

En en faisant un usage contraire à la destination qui lui est assigné,

Vous vous rendez coupable d'un véritable abus de mandat.

Si nous étions dans le droit commun, les tribunaux correctionnels connaîtraient de ces petites fantaisies.

Mais du moment où il s'agit de politique, c'est bien autre chose!

C'est là que fleurissent les deux morales;

C'est là que les délits et les crimes prennent des noms pompeux.

*
* *

Mais c'est trop faire attendre nos personnages dans les coulisses :

Il est temps que le candidat officiel fasse son entrée en scène.

Pendant que les préfets, les sous-préfets, les maires et toute la phalange administrative s'agitent à qui mieux mieux et débitent leur boniment à grands renforts de tambours et de cymbales, croyez-vous que le candidat officiel reste inactif?

Non : plus que personne il s'agite, pérore, discute et trottine.

Selon la variété de son caractère ou de ses goûts, il adopte telle ou telle tactique.

Mais, quel que soit le parti par lui pris, vous

pouvez être sûrs que sa dignité personnelle et celle des électeurs ne sont guère respectées.

Les uns (ceux qui ont le génie de la mise en scène) organisent des manifestations bruyantes qui sont de véritables mascarades.

M. B..., dans des chars ornés de banderoles et de drapeaux, traîne des invalides qu'on a eu soin de griser pour les conduire à cette petite fête. Devant eux, un homme habillé en femme verse à boire à la foule ; derrière marchent en désordre des bandes d'ouvriers en guenilles qui n'ont plus même la force de se soutenir.

Toute cette foule pousse des cris qui n'ont rien d'humain. Les honnêtes gens se détournent avec dégoût, mais le commissaire central, organisateur en chef de toutes ces saturnales, trouve que c'est là une manifestation napoléonienne dont le gouvernement doit être fier (1).

M. Calvet-Rogniat fait promener son veau avec un large écriteau au cou, sur lequel on peut lire en lettres monstres : *Veau de M. Calvet* (2).

On paye à boire et à manger chez tous les débitants;

(1) *Moniteur* du 4 décembre 1863.
(2) *Moniteur* du 26 novembre 1863.

On organise de petits banquets ;

On donne de l'argent à ceux qui semblent les plus récalcitrants ;

En certains endroits, on a même des amis dévoués qui ne craignent pas de jouer du couteau pour faire triompher votre candidature.

D'autres, dont l'esprit répugne à ces manifestations et à ces violences, organisent de petites comédies pour tromper les électeurs.

A Toulouse, on a besoin d'une gare.—La veille même de l'élection, on voit tout à coup apparaître des brigades d'employés des ponts et chaussées; on plante des piquets, et on annonce à qui veut l'entendre qu'on va construire la gare tant désirée. L'élection est faite, les piquets disparaissent, et les électeurs restent avec le candidat du gouvernement, c'est vrai, mais aussi avec leurs illusions perdues (1)!

M. le baron Zorn de Bulach, lui, a une tout autre façon de procéder : il prononce de petits *speeches* qui doivent singulièrement édifier ses électeurs sur le rôle qu'il se propose de jouer à la Chambre.

---

(1) *Moniteur* du 13 novembre 1863.

Écoutez :

« Entendons-nous, mes chers concitoyens. Toutes les fois qu'il s'agira de quelqu'une des questions vitales qui engagent l'avenir du pays tout entier, de la gestion de nos finances par exemple, de l'expédition du Mexique, de l'occupation de Rome, etc., ah ! certes, je ne serai pas indépendant ; mais qu'il s'agisse d'un chemin de grande communication passant entre Osthauser et Schnersheim, oh ! là, électeurs, je saurai ne défendre que vos intérêts (1). »

Ainsi, que par une gestion absurde de nos finances on ruine la France, M. le baron Zorn de Bulach n'y voit pas d'inconvénient.

Qu'on laisse mourir sous les balles de l'ennemi ou de la fièvre jaune des milliers de nos soldats au Mexique, que lui importe? le gouvernement l'a voulu : c'est bien ;

Que notre alliance avec l'Italie soit compromise par l'occupation de Rome, est-ce que cela le regarde?

Si tous vos députés du gouvernement pensent comme M. le baron Zorn de Bulach, certes vous auriez bien tort de ne pas les nommer.

---

(1) *Moniteur* du 22 novembre 1863.

*
* *

Dirai-je un mot maintenant du candidat de l'opposition?

Pauvre, pauvre candidat!...

Quelle épreuve lui a-t-on épargnée?

Quelle humiliation n'a-t-il pas subie? de quelle violence n'a-t-il pas été victime?

La police de la Haute-Garonne lui fait une escorte d'honneur, et toutes les maisons où il met les pieds sont marquées à la craie rouge.

Le sous-préfet et le commissaire de police de Bressuire menacent les cabaretiers de fermer leurs établissements s'ils votent pour lui.

Le procureur impérial de Villeneuve empêche les huissiers de régulariser ses assignations, même lorsque le président du tribunal a donné ordre d'assigner (1).

Un procureur impérial de la Loire-Inférieure met ses amis en prison et les tient au secret jusqu'à la fin des élections. Il est vrai qu'après on a la bonté de ne pas les condamner à mort et de rendre une ordonnance de non-lieu (2).

(1-2) *Moniteur* du 12 novembre 1863.

Les maires de Saint-Front, de Lacapelle-Biron et tant d'autres déchirent ses affiches et ne redoutent même pas de mettre eux-mêmes la main à la pâte (1).

On note les électeurs qui votent pour lui, et on menace d'écorner les bulletins pour les mieux reconnaître.

Aux environs de Béziers, on l'oblige lui-même à apposer ses affiches.

Dans la Loire-Inférieure, on dit que c'est un rouge et qu'il ramènera la révolution de 93.

On dit qu'il a été chassé ignominieusement du Conseil d'État, en laissant croire qu'il a volé la caisse.

Et s'il veut poursuivre, on s'arme de l'art. 75 de la Constitution de l'an VIII.

L'administration se laisse poursuivre lorsqu'elle le juge convenable.

Je m'arrête.— J'aurais noirci dix in-folio avant d'avoir épuisé la longue... trop longue liste! des tribulations des députés de l'opposition.

Aussi, quand les élections sont terminées, le capitaine de gendarmerie, qui «f... les paysans à la porte à coups de pieds au c... », mais qui se

---

(1) *Moniteur* du 24 novembre 1863.

plaint des bourgeois qui ont toujours la loi à la main, a-t-il raison de s'écrier dans un mouvement d'enthousiasme :

« C'est nous et la police qui avons fait l'élection (1)! »

*
* *

Au milieu de ces violences, de ces mensonges, de ces violations de la loi, de ces comédies ridicules ou odieuses, *quel est le rôle de la magistrature?*

Nous en avons déjà dit incidemment un mot. Qu'on nous permette cependant encore d'insister ici.

Voyons ce que doit être le magistrat; nous verrons ensuite ce qu'on en a fait.

Y a-t-il au monde rien de plus élevé que la magistrature?

C'est entre ses mains que sont placés en dépôt la fortune, la liberté, la vie, l'honneur des citoyens.

Pour le magistrat, il ne doit y avoir ni riche ni pauvre, ni faible ni puissant, ni conservateurs ni radicaux, ni républicains ni légiti-

---

(1) *Moniteur* du 24 novembre 1863.

mistes, ni orléanistes ni bonapartistes; il ne doit y avoir que des citoyens qui respectent la loi ou qui la violent.

Il doit être étranger à toutes les haines des partis, à toutes les luttes ardentes de la place publique; il ne doit écouter, dans le calme et le recueillement, que la voix de sa conscience; il ne doit s'incliner que devant une autorité, l'autorité de la loi.

Sa voix, qui est la voix de la justice et du droit, doit dominer les luttes des partis.

Sa mission est si sainte, si élevée, que dans toutes les législations on lui a accordé la première place.

On a tout mis en œuvre pour protéger son indépendance.

Voyez maintenant son rôle dans les élections :

Protecteur-né de la liberté des citoyens, il la sacrifie à de prétendus intérêts de gouvernements.

Il paralyse l'exécution des lois en empêchant les officiers ministériels de remplir leur mandat.

Il se rend, au moins par sa présence, complice de diffamations et de calomnies qu'il devrait condamner comme juge.

Quand, après ces batailles, il revient s'asseoir sur son siège de magistrat, comme le public doit être édifié!

On l'a vu passionné, lui qui doit toujours être calme.

Ne craint-il pas qu'on ne voie dans ses condamnations que des vengeances exercées?

Quand il laisse tomber sur l'accusé des paroles sévères, ne craint-il pas qu'on se souvienne que lui-même a donné l'exemple de la violation de la loi?

Ne craint-il pas que ses accusations n'aient plus la portée qu'elles devraient avoir?

Tenez, vous accusez les révolutionnaires de pousser à la dissolution sociale, et vous ne sentez pas qu'en vous servant dans vos luttes, comme d'instrument, de cette chose sainte qu'on appelle la justice, vous menacez plus que personne la société?

Du moment où le respect de la justice aura disparu, que nous restera-t-il?

Sans justice, les agrégations d'hommes cessent de s'appeler des peuples : ce sont des troupeaux vivant sous le bâton du maître, et destinés à tomber, à la première occasion, dans la plus effroyable anarchie.

Et le juge de paix?

Ce magistrat, qui exerce sur ses justiciables une autorité paternelle, lui qui est bien plus institué pour transiger les procès que pour les juger, vous en avez fait un véritable chef de parti.

Il est pour le gouvernement, contre l'opposition, quand il ne devrait être entre tous qu'un arbitre impartial et bienveillant.

Je n'insiste pas, je ne cite aucun fait : que ceux qui doutent lisent les vérifications de pouvoirs, les protestations, les comptes rendus, et ils verront si j'exagère !

Tout ce que j'ai dit est vrai.

Du reste, la toile est levée : la comédie, le vaudeville, le drame ou la tragédie se jouent.

Osez regarder, et, si vous êtes de bonne foi, vous ne contesterez pas.

* * *

Est-ce que notre Constitution est tellement combinée que nous puissions sans danger nous passer d'un contrôle sérieux?

Dans ce cas, supprimez les Chambres.

Pourquoi un rouage inutile et dispendieux?

Mais il s'en faut du tout au tout que le contrôle nous soit inutile.

Il n'y a peut-être pas en Europe une nation où il soit plus nécessaire, plus indispensable.

Excepté le csar de toutes les Russies, je ne sache pas qu'il existe un souverain ayant un pouvoir plus étendu que l'empereur des Français.

Est-ce bien, est-ce mal, je ne saurais vous le dire.

Je n'ai pas le droit de discuter la Constitution, et j'ai trop peur de Sainte-Pélagie pour entrer dans cette voie dangereuse.

Pensez-en ce que vous voudrez... Je crois bien qu'au fond, sans discussion, nous sommes du même avis.

Ainsi :

L'empereur déclare la guerre ;

Il commande les armées de terre et de mer,

Fait les traités de paix, d'alliance et de commerce,

Nomme à tous les emplois,

Fait les règlements et décrets nécessaires pour l'exécution des lois ;

La justice se rend en son nom ;

Il a seul l'initiative des lois ;

Il a le droit de déclarer l'état de siège ;

Les ministres ne dépendent que de lui, etc., etc.

Comprenez-vous que ce serait folie de laisser un pareil pouvoir sans contrôle?

L'empereur lui-même est plus intéressé que personne à ce que ce contrôle soit sérieux.

Il faut qu'au besoin, malgré lui, il soit sauvé de ses propres fautes.

A qui d'ailleurs, dans la Constitution, a été confié le pouvoir de contrôler le chef de l'État? — Aux Chambres.

Ce sont nos députés qui doivent arrêter, par des moyens légaux, le pouvoir lorsqu'il est tenté d'aller trop loin.

Sentez-vous, dès lors, que les députés doivent être librement nommés et *absolument indépendants?*

De l'élection libre j'ai dit un mot; je vais parler de l'indépendance de certains députés.

*
* *

Depuis l'empire, une tendance fâcheuse se manifeste au milieu de tant d'autres.

L'Assemblée, chaque jour, est menacée d'être envahie par toute une tribu de députés chambellans, louvetiers, grands veneurs et autres grands *émargeurs* qui composent la haute valetaille des Tuileries.

Voulez-vous savoir ce que font ces écuyers, ces chambellans, à quelle école d'indépendance ils vivent et quelle garantie de contrôle ils offrent aux électeurs?

Écoutez une petite anecdote.

C'est M. de Villemarest qui raconte :

C'était sous le premier empire. Le prince Borghèse, la princesse Pauline sa femme, M. de Clermont-Tonnerre leur chambellan, et Mme de Chambaudoin, dame d'honneur, traversaient le col de Tende pour aller de Nice à Turin.

La princesse Pauline avait ses nerfs.

A peine était-elle en voiture qu'elle voulait qu'on la portât, et, quelques minutes après, il fallait remonter en voiture.

Le prince faisait une figure à faire pitié.

Sa femme le tourmentait sur tous les points possibles. Tantôt elle lui disait qu'elle voulait prendre le pas sur lui, que ce serait à elle à répondre aux harangues des autorités. Vainement le prince objectait qu'il était le gouverneur général, elle n'en voulait pas démordre, et elle ajoutait qu'il ne serait rien s'il n'eût pas épousé la sœur de l'empereur.

Alors le prince l'appelait Paulette! Paulette! du ton le plus doux. Mais je t'en souhaite! Paulette avait de la tête, et son état capricieux demeurait en permanence.

Quant à M. de Clermont-Tonnerre, lui, il était simplement victime du jeu des oreillers.

Or voici ce que c'était : de bon compte fait, il y avait au moins quatre ou cinq oreillers dans la voiture de la princesse. Par moments, ce nombre était à peine suffisant pour envelopper Pauline d'un rempart de plume; mais parfois aussi la princesse s'en trouvait trop échauffée. Alors on les entassait sur les genoux de M. le chambellan de service, qui, n'étant pas très-grand, était obligé de se tenir extrêmement droit pour pouvoir respirer au-dessus de cette masse de plume.

Pour Mme de Chambaudoin, c'était autre chose : quand la princesse avait trop grand froid aux pieds, il fallait qu'elle eût de temps à autre des complaisances pour que Pauline trouvât à mettre ses pieds dans un endroit assez chaud.

Enfin on arrive à Tende.

Tout le monde mourait de faim. Les ordres étaient donnés, le couvert mis. On croyait le moment venu de se mettre à table, quand un événement imprévu répandit partout la consternation.

On allait, on venait, on se heurtait dans les escaliers.

Que se passait-il donc?

Le prince avait la colique, et Son Altesse venait de signifier qu'il lui fallait absolument un lavement à la fraise de veau.

C'était admirable dans un pays où il n'y a pas de veaux!

Mais les entrailles du prince n'admirent aucune espèce de conciliation ; la farine de graine de lin fut rejetée avec horreur, et l'huile d'amandes douces elle-même ne put obtenir la moindre faveur : c'était une fraise de veau qu'il fallait.

Valets, chambellan, dame d'honneur, tout le monde se mit en campagne. Enfin, par une espèce de miracle, au bout de deux heures, un des courriers revint triomphant, portant en selle un jeune veau, qui fut immédiatement immolé. La fraise en fut extraite, lavée, bouillie.

Le chambellan eut à son souper une fraise de veau, et les entrailles du prince se trouvèrent émolliées, à la satisfaction générale.

*
* *

Devinez-vous combien un homme qui a subi le supplice des oreillers, et qui est obligé de se plier à tous les caprices, doit contracter des habitudes de dignité et d'indépendance?

Un ancien a dit que l'homme libre était l'homme sans peur et sans espérance.

Comme le chambellan se rapproche de cette définition!

Il a peur des caprices du maître, qu'il doit subir; il a peur de ses colères, qui peuvent le briser. Il n'y a pas d'humiliation de valet qu'il ne soit obligé d'avaler quand les princesses ont leurs nerfs ou que le prince a la colique.

L'homme libre doit être sans espérance... Lui, le chambellan, passe sa vie à espérer, et, comme ses services ne lui donnent droit à rien, il attend tout de la bassesse, de la flatterie et de l'adulation.

Vous comprenez donc, braves électeurs, quels députés indépendants et courageux doivent être tous ces chambellans, écuyers, grands écuyers, etc., enfin toute cette haute domesticité du palais.

Si la liberté est menacée, qui peut douter un

instant qu'ils n'aient, comme les sénateurs romains, le courage de mourir sur leurs sièges?

Et quand le prince veut de l'argent, beaucoup d'argent, ce n'est certes pas à eux qu'il osera s'adresser.

J'ai appelé tous ces honorables fonctionnaires *la haute domesticité du palais :* je me suis trompé, j'ai fait tort aux domestiques, et je leur en demande pardon. Le domestique subit sa position, eux la recherchent avec empressement.

Il est vrai qu'ils ont, battant sur leur cuisse gauche, l'épée de leurs nobles ancêtres; mais, si dans un moment d'audace ils s'en souviennent, bien vite ils doivent se rappeler qu'ils ont une clef dans le dos!

S. Exc. M. Rouher, dont la brillante éloquence sait tout justifier, a trouvé « qu'ils avaient le dévouement qu'éclaire l'indépendance ».

Allez, braves électeurs, fiez-vous à cette indépendance, et dans cinq ans vous me direz des nouvelles de vos budgets, et vous verrez dans quelle agréable situation se trouvera la France vis-à-vis de l'Europe.

Comme les souverains ont bien raison aussi de se fier à ce dévouement et à cette indépendance!

Aux jours heureux, l'indépendance consiste à tout approuver;

Aux jours de malheur, l'indépendance consiste à devenir les ennemis les plus acharnés de ceux dont on a été les très-humbles esclaves.

A force de violence, on veut faire oublier sa platitude passée.

Ce n'est pas, bien entendu, de vos chambellans, de vos écuyers, etc., etc., que je veux parler.

Je traite la question à un point de vue plus élevé; je demande si certaines professions ne devraient pas être une cause d'exclusion de l'éligibilité.

Vous écartez les fonctionnaires publics, et vous avez raison.

Eux, cependant, devraient être les serviteurs de la nation, et non les vôtres. A la rigueur, ils pourraient voter comme des hommes.

Mais cette *noble* valetaille!...

*
* *

Nous avons indiqué le mal.—Où donc est le remède?

Le remède est dans une refonte complète de notre droit électoral,

Dans la suppression radicale des candidatures officielles.

Le remède est dans les peines sévères qu'on infligera aux fonctionnaires publics qui, au mépris de leurs devoirs les plus élémentaires, violent la loi, que plus que personne ils ont pour mission de respecter et de faire respecter.

Le remède est dans la destitution immédiate de tous les magistrats ou procureurs qui, au lieu de se montrer esclaves de la loi, agissent avec partialité.

Mais, lorsque vous aurez fait tout cela,

Quand vous aurez réformé la loi électorale,

Quand vous aurez destitué, condamné les fonctionnaires coupables de forfaiture, aurez-vous atteint le but? — Non!

Le mal est plus profond; c'est plus avant qu'il faut aller pour l'atteindre.

Lorsqu'un homme est fort, comment voulez-vous qu'il ne se serve pas de sa force?

Quand il est intelligent, comment voulez-vous qu'il ne se serve pas de son intelligence?

Quand il est riche, comment voulez-vous qu'il ne se serve pas de sa richesse?

Vous avez donné à vos chefs un pouvoir pour ainsi dire illimité;

Vous leur avez prodigué des millions;

Vous avez mis sous leurs mains une administration de six cent mille fonctionnaires dévoués jusqu'au fanatisme, disciplinés et organisés comme une véritable armée, irresponsables de par l'article 75 de la Constitution de l'an VIII;

Vous avez mis égalcment sous leurs mains une armée permanente de près d'un million d'hommes, courbée, depuis le maréchal jusqu'au simple soldat, sous l'obéissance passive.

Quant à la police, elle agit dans l'ombre et sans contrôle.

Si quelqu'un avait des doutes sur ce point, les affaires Parent, Budin et tant d'autres les auraient bien vite dissipés.

Qui donc, en matière politique, a jamais pu obtenir justice contre l'administration et la police?

Que celui-là se lève et vienne nous accuser!

Empêchez donc, avec tout cela, le gouvernement de peser dans les élections d'une façon victorieuse!

Mais alors qu'arrive-t-il tôt ou tard, et qu'est-ce que signifie une majorité de cette nature?

Lorsque Louis-Philippe est tombé en 1848, il avait pour lui la majorité des Chambres, et l'opinion publique lui manquait, ce qui prouve bien que les élections avaient été faussées.

Quand Charles X est tombé en 1830, est-ce que la majorité lui était hostile?

Et Napoléon Ier?...

Il avait quatorze opposants lorsqu'il a signé son acte de déchéance, et quand il est parti pour l'exil il a fallu le protéger pour l'empêcher d'être égorgé!

Ce qui prouve bien que tous les opposants n'étaient pas représentés dans son assemblée de muets.

* * *

Savez-vous quel est le remède sérieux qu'il faudrait apporter pour permettre au suffrage universel de s'exprimer en toute sécurité?

Il faudrait rendre à la commune le droit de nommer ses maires et ses adjoints, et les soustraire ainsi à la domination absolue du pouvoir central.

Il faudrait tailler à grands coups de hache dans les grosses listes civiles et dans les gros apanages.

O les naïfs! qui croient que pour bien gouverner les hommes il est indispensable d'avoir des habits dorés, brodés, chamarrés sur toutes les coutures;

Qu'il est indispensable d'avoir des châteaux, des carrosses et un budget suffisant pour nourrir largement plus de cent mille hommes!

Lorsque Abraham Lincoln a soutenu pendant quatre ans la guerre terrible de la sécession américaine;

Quand il a eu sous la main une armée de plus d'un million d'hommes;

Quand il a remué des budgets plus lourds que les nôtres (et ce n'est pas peu dire!);

Quand enfin, à force d'efforts, d'énergie, d'intelligence et de volonté, il est parvenu à sauver la grande république, savez-vous quelle était sa liste civile?

Il émargeait tous les ans au budget cent vingt-cinq mille francs.

Jetez maintenant un coup d'œil sur notre histoire:

Voyez cette succession de gouvernements insensés et ineptes qui n'ont su, par leur politique à courte vue, que compromettre la destinée du pays, et dites-moi si les grosses listes civiles sont une cause de sécurité et de garantie?

Non, je le dis hardiment, ce n'est pas une cause de sécurité et de garantie, mais c'est au contraire une cause de corruption et de ruine pour le pays.

Ah! sans doute, vous devez payer vos chefs en raison des services qu'ils vous rendent.

Dieu sait cependant ce que sont souvent ces services!

Mais il n'est pas utile de les traiter comme des dieux égarés sur notre misérable planète.

Craignez-vous, en lésinant un peu, de voir les candidats à la souveraineté se mettre en grève?

Rassurez-vous.

Pour être un souverain par la grâce de Dieu, ou sans la grâce de Dieu, il n'est pas utile d'avoir des aptitudes bien remarquables, et Figaro avait raison quand il osait affirmer qu'il avait dépensé pendant dix ans, rien que pour vivre, plus de génie qu'il n'en aurait fallu au roi de toutes les Espagnes pour gouverner merveilleusement ses États.

Pour un souverain qui vous fera défaut, vous en trouverez cent mille.

Ne craignez donc point la grève des candidats au pouvoir, et, si par hasard elle avait lieu, qui sait? ce serait *peut-être* un grand bien.

*
* *

Que les maires, que les adjoints, soient nommés par la commune ; que les listes civiles, les dotations et les apanages soient réduits à des proportions modestes, ou, mieux, supprimés.

— C'est bien !

Est-ce tout ? — Non.

Après avoir rendu à la commune le droit d'élire ses fonctionnaires, pourquoi n'accorderait-on pas ce droit aux départements ?

Nous nommons bien notre empereur ; nous nommerions bien notre préfet.

Quant aux sous-préfets, nous avouons humblement que nous ne comprenons guère leur utilité.

Pourquoi ne les supprimerait-on pas ?

Mais, comme nous ne voulons faire de chagrin à personne, et que dans les grandes luttes électorales ils ont donné des preuves éclatantes d'éloquence, nous les enverrions, M. le sous-préfet de Libourne en tête, donner les leçons de beau langage aux élèves de nos lycées.

En ce qui touche l'armée, plus d'armée prétorienne !

De pareilles troupes n'ont été, ne sont et ne seront bonnes qu'à établir l'autorité arbitraire et à la maintenir.

La force dont elles sont la cause et l'effet, l'origine et l'instrument, est l'unique ressource des despotes.

Les oppresseurs craignent les opprimés; ils sentent qu'ils n'ont d'autres moyens, pour maintenir un gouvernement illégal, que le tranchant du glaive.

La corruption, la vénalité, préparent les chaînes d'un peuple libre; mais c'est et c'est seulement la puissance légionnaire qui unit les chaînons et les rive.

Les ministres sont tout autrement hardis à imaginer et à exécuter des projets d'oppression quand ils se voient entourés de plusieurs milliers de satellites que lorsqu'il leur faut lutter contre les hommes libres, par l'adresse et la ruse dépourvues de la force.

Enfin, « tant que les projets arbitraires d'un prince mûrissent dans l'ombre d'un cabinet, ou que ses entreprises déguisées circulent par l'effort de ses émissaires désarmés, des patriotes clairvoyants peuvent démasquer cet édifice de corruption, et le peuple détrompé arrête aisément les hommes pervers qui ourdissent sa ruine ».

Qui donc a dit cela?

C'est Mirabeau, et il avait mille fois raison.

Tous les citoyens, sans exception, doivent être soldats, non pour satisfaire les caprices et les fantaisies d'un seul homme, mais pour défendre l'indépendance du pays.

*
* *

Lorsqu'un empereur, en simple habit noir, avec une modeste liste civile de cent vingt-cinq mille francs, sans préfets, sans sous-préfets, sans maires, sans adjoints, sans gendarmes, sans gardes champêtres, sans magistrats à sa dévotion personnelle, voudra exercer une pression électorale, nous n'aurons rien à redouter de lui; son influence pourra être avantageusement combattue par des influences contraires.

Les maires, — nommés par la commune, — agiront dans l'intérêt de la commune;

Les préfets, — nommés par le département, — agiront dans l'intérêt du département;

Les soldats, — nétant plus que des citoyens, — voteront en citoyens.

Si le chef de l'État viole la loi, sa responsabilité deviendra effective, et nous pourrons, sans craindre un cataclysme, le traduire devant les tribunaux.

Hélas! il s'en faut de beaucoup que nous soyons arrivés à cette époque fortunée!

Presque partout l'instruction manque encore.

Des misérables exploitent la bonne foi et la crédulité du peuple.

Les citoyens auront-ils bientôt une idée exacte de leurs droits et de leurs devoirs?

Je le désire de tout mon cœur.

Mais voyez comme le progrès se développe lentement.

*
* *

Il y a dix-huit cents ans, un des hommes les plus remarquables que l'humanité ait produits apparut dans le monde.

Il avait un sentiment profond de la justice et du droit.

Plein de pitié pour les souffrances des faibles et des opprimés, il se fit le protecteur du pauvre, de la femme, de l'enfant, de l'esclave, de tous ceux qu'écrasait la législation impitoyable de son époque.

Sans peur de la persécution, il proclama l'égalité des hommes dans un monde d'inégalités et d'injustices.

Et il fut crucifié !

C'est le sort qui attend trop souvent ceux qui se sont faits les apôtres de la vérité et de la justice.

Mais, avant de le crucifier, on lui mit sur la tête une couronne : — c'était une couronne d'épines.

On lui mit dans les mains un sceptre : — c'était un sceptre de roseau ;

Et, pour l'insulter avant de le faire mourir, on l'appelait, en le frappant au visage : *le roi des Juifs*.

Qu'est-ce donc maintenant que le peuple avec son suffrage universel ?

Un souverain d'ironie et de dérision !

Est-ce que, comme Christ, sa couronne n'est pas une couronne d'épines, et son sceptre un sceptre de roseau avec lequel on le frappe au visage ?

*
* *

Une éducation virile jointe à une instruction

laïque et obligatoire (1), peut seule mettre un terme à ce douloureux état de choses.

Hâtons-nous de l'anéantir, cet état de choses.

Lorsque nos pères, les Gaulois, voulaient transmettre des nouvelles importantes, ils allumaient de grands feux sur les montagnes.

Nous aussi, il faut que nous allumions de grands feux sur tous les hauts sommets!

Il faut que la lumière se fasse dans le monde!

Il faut que le peuple sache que ceux qu'il croit être ses maîtres sont en réalité ses serviteurs!

Qu'ils n'ont d'autre force que sa force, d'autre richesse que sa richesse;

Que, quand ils abusent du pouvoir qui leur a été confié, pour violer la loi, pour fausser les élections, pour compromettre les finances, et pour verser à flots le sang des citoyens dans des guerres civiles ou dans de folles entreprises à l'étranger, ils commettent le plus grand crime qu'on puisse consommer.

---

(1) L'instruction engendre les grands peuples; sans elle, la liberté et le sang des citoyens deviennent fatalement le jouet de certains monstres de l'humanité auxquels le servilisme et l'ignorance donnent le titre de *sauveurs*.

Celui qui assassine un homme est condamné à mort.

Quelle peine infligerez-vous donc à celui qui en fait mourir cent mille?

Celui qui a ruiné un citoyen s'en va méditer au bagne sur les dangers qu'il peut y avoir à ne pas respecter la fortune d'autrui.

Quelle peine mérite donc celui qui ruine une nation?

***

Que tous ceux qui ont souci de leur dignité fassent comme nous.

Crions la vérité sur les toits; tâchons de faire comprendre à la foule quels sont ses droits et quels sont ses devoirs.

Déclarons une guerre impitoyable à tous les abus.

Qu'aucune violation de la loi n'ait lieu sans exciter les clameurs générales.

Et, quelque longue et difficile que soit la lutte, nous pouvons avoir la certitude de rencontrer au bout le triomphe.

APPENDICE

Sous ce titre, nous reproduisons 1° la préface de notre édition belge; 2° les deux lettres suivantes, éditées en avril 1869, chez Degorce-Cadot, et précédées d'un mot d'avertissement au lecteur.

PRÉFACE DE L'ÉDITION BELGE

Prière à sainte Prudence.

O sainte Prudence!

Jamais je n'ai eu plus besoin de ton secours.

Attaquer la *corruption électorale*, signaler les abus des candidatures officielles, montrer la dérision du suffrage universel à notre époque, quelle témérité, et à travers quels écueils suis-je obligé de naviguer!

Si je frappe juste, gare les policemen, la sixième chambre, Sainte-Pélagie et le reste!

Si j'ai tort, gare les injures et Charenton! Car, sous ce régime, on n'a pas d'indulgence pour ceux qui sont atteints de monomanie raisonneuse, même quand leur folie est douce.

Hélas! sainte Prudence, malgré le concours de ta merveilleuse tactique, j'ai bien peur de succomber en route.

Mais, que veux-tu? j'appartiens à cette race d'hommes qui n'ont jamais su calculer le péril ni mesurer la dose de vérités que chaque siècle peut supporter sans danger. Lorsqu'un abus me blesse, je n'ai ni trêve ni repos avant de l'avoir dénoncé à la vindicte publique.

O sainte Prudence !

Si tu ne peux pas me sauver, tâche au moins d'adoucir ma peine et de me guider à travers les chemins scabreux où je vais entrer.

Ainsi soit-il.

Paris, germinal, an 77.

CONSTANT FENET.

LETTRES

1° A M. LE RÉDACTEUR EN CHEF DE L'*ORDRE*
D'ARRAS

2° A M. LE MINISTRE DE L'INTÉRIEUR

A PROPOS D'UNE BROCHURE

SUR LA

CORRUPTION ÉLECTORALE

ARRÊTÉE A LA FRONTIÈRE BELGE

Guerre à l'arbitraire!...

AU LECTEUR

J'ai juré de ne jamais me laisser écorcher sans crier comme un beau diable.

C'est une détermination peut-être dangereuse;

Mais je suis décidé à en subir toutes les conséquences.

J'ai fait imprimer une brochure sur la *Corruption électorale.*

Le ministre, très-arbitrairement, m'en empêche la publication.

Je me suis adressé à l'opinion publique par la voie des journaux ;

Je me suis adressé directement à Son Excellence le ministre de l'intérieur;

Je m'adresserai au Sénat, le gardien du

pacte fondamental et des libertés publiques ;

Je m'adresserai même à l'empereur, le maître des maîtres ;

Et j'aurai satisfaction, ou on me dira pourquoi.

Faites comme moi, lecteur, et bientôt le gouvernement sera étourdi par un tel vacarme qu'il sera obligé de donner satisfaction à tous.

Sur ce, lecteur,

Comme un souverain par la grâce de Dieu ou la volonté nationale, la volonté nationale ou la grâce de Dieu, je ne sais plus au juste (les formules et les principes sont tellement embrouillés à notre époque !),

Je prie Dieu de vous avoir en sa sainte et digne garde.

CONSTANT FENET.

LETTRE

A M. le rédacteur en chef de l'*Ordre*.

Paris, 27 mars 1869.

Monsieur,

Je viens de faire imprimer à Bruxelles une brochure sur la *corruption électorale*.

A Bruxelles? Ne vous effrayez pas : j'ai choisi un imprimeur en Belgique tout simplement parce que les frais d'impression y sont moins élevés qu'en France.

Quand j'ai rédigé cette brochure, je ne songeais pas que M. Jérôme David et M. Picard demanderaient à interpeller le gouvernement au sujet de la *corruption électorale;* mais, lorsque j'ai appris que la demande d'interpellation avait été faite et que l'autorisation avait été accordée à l'unanimité des bureaux, j'ai été enchanté.

On le serait à moins.

Eh bien, monsieur le rédacteur en chef, jugez de ma malechance! M. le ministre refuse d'autoriser l'entrée de ma brochure; il prétend que « l'esprit et la forme lui en sont désagréables ».

Je ne savais pas (mais sous l'empire on apprend tous les jours quelque chose) que pour publier une brochure il était indispensable d'être agréable à M. le ministre de l'intérieur. Je croyais, au contraire, qu'il était du *droit* des citoyens de dire à l'administration des *vérités désagréables*, et du devoir de MM. les ministres de les entendre.

Que serait, sans cela, la polémique?... Une plate apologie des gens en place, digne tout au plus d'un valet; et j'avoue que je ne me suis jamais senti beaucoup de disposition pour ce genre de littérature.

Les vérités désagréables! non-seulement le gouvernement ne devrait pas les proscrire, mais il devrait même encourager de toutes les façons ceux qui ont le courage de les dire. Elles sont comme les amers en médecine : on les boit avec répugnance, mais ils sont salutaires.

Si le gouvernement avait toujours su entendre les vérités désagréables et en tenir compte, nous n'aurions peut-être pas, dans l'histoire du second empire, l'expédition du Mexique; les finances de la ville de Paris et celles de l'État seraient peut-être plus prospères.

Pourquoi, du reste, nous vanter sur tous les tons les concessions libérales du 19 janvier?

Si nous n'avons le droit de dire que les choses agréables, point n'est besoin d'une grande liberté. Je ne sache pas que, même en Russie, un homme ait été pendu pour avoir fait l'apologie d'un ministre en faveur.

Au surplus, M. le ministre y a-t-il songé? En me refusant son laissez-passer, ne condamne-t-il pas implicitement M. Jérôme David et M. Picard?

Quant à M. Picard, je sais bien que M. le ministre ne mourrait pas de chagrin de l'avoir condamné; mais M. Jérôme David, un homme plus impérialiste que l'empereur!...

Je vous demande pardon, monsieur le rédacteur en chef, de vous avoir écrit si longuement. S'il s'agissait d'un intérêt personnel, je ne l'eusse pas fait; mais, quand l'intérêt public est en jeu, je suis de ceux qui croient qu'il est du devoir de tous les citoyens de protester.

Si nous n'avons qu'une liberté de comédie,

il faut que le public le sache, et, si cette liberté lui suffit, il le dira aux prochaines élections.

Veuillez, monsieur le rédacteur en chef, me croire animé des meilleurs sentiments.

CONSTANT FENET,
Avocat à la Cour de Paris,

3, place de la Sorbonne.

LETTRE

A S. Exc. M. le ministre de l'intérieur.

Monsieur le ministre,

Je lis beaucoup les journaux, et surtout les journaux officiels.

Cette lecture, ma foi, très-instructive, a laissé chez moi l'impression qu'au point de vue électoral tout n'est pas pour le mieux dans le meilleur des mondes ; qu'il y a là des brigues, des pressions administratives, qui altèrent le suffrage universel.

J'ai voulu, dans une petite brochure, faire connaître mon opinion à ce sujet et indiquer les remèdes qui me paraissent les plus efficaces.

A la veille des élections générales, il m'a semblé qu'une pareille publication venait à son heure.

Comme les frais d'impression coûtent plus cher

en France qu'en Belgique, j'ai fait imprimer ma brochure à Bruxelles.

Puisqu'elle devait paraître à Paris, vous comprenez, monsieur le ministre, que je n'ai pas choisi la Belgique à cause du caractère hostile de ma publication.

D'ailleurs, la loi a armé Votre Excellence de pouvoirs assez étendus pour que vous puissiez atteindre les délits politiques même par delà les frontières. Mieux que personne je connais votre pouvoir, et je ne serais certes pas assez téméraire pour le braver.

Irriter un ministre!...

Pas si dénué de sens commun et pas si disposé à subir les conséquences d'une semblable audace!

Indisposer un ministre!...

Mais alors toutes les portes des positions lucratives me seraient fermées, et toutes les portes des prisons me seraient ouvertes.

Adieu tous mes rêves d'ambition! Plus d'espoir d'être même expéditionnaire ou petit commis aux écritures.

Car aux gros emplois je n'ai jamais songé. Mon père était un simple cultivateur et pas ministre des finances, de la justice ou de l'instruction publique, pour que j'aie pu rêver, comme MM. D...,

B..., M... et Cᵉ, une bonne grosse recette particulière ou générale.

La dynastie des Fenet est loin d'avoir été aussi favorisée par l'empereur que celle des Piétri!

Mes intentions étaient si loyales, si honnêtes, ce que je faisais me paraissait si simple, que je n'avais qu'une inquiétude : être au-dessous de ma tâche et manquer mon but.

Si, du reste, j'avais pu concevoir des craintes, comment voulez-vous qu'elles aient persisté?

N'avais-je pas, pour m'éclairer, l'exemple donné, je ne dirai pas par M. Picard, mais par M. Jérôme David?

Le nouveau vice-président du Corps législatif ne trouvait-il pas, comme moi, qu'il y avait beaucoup à faire pour permettre au suffrage universel de fonctionner régulièrement?

Comme moi aussi, M. Jérôme David ne voulait-il pas signaler au gouvernement et aux électeurs certains abus de brigues et de corruption électorale?

Par une touchante mais trop rare communauté de sentiments, il demandait avec son collègue de la gauche à interpeller le gouvernement, et cette demande avait été accueillie à l'unanimité des bureaux.

Être à la fois du même avis que M. Jérôme David et que M. Picard, du même avis que les mamelouks de l'empire et que ses adversaires les plus décidés, quelle bonne fortune pour un homme qui ne se sent aucune espèce de vocation pour le martyre!

Après tant de motifs de confiance, monsieur le ministre, de bonne foi, comment aurais-je pu avoir une inquiétude?

J'avais tort cependant d'être rassuré.

On me l'a dit du moins dans vos bureaux :

« Ni la forme ni le fond de ma brochure ne vous plaisent. »

La forme?...

J'avais cru jusqu'ici que c'était là affaire purement littéraire;

Que, sous ce rapport, j'étais peut-être justiciable de l'Académie et des hommes de goût, pas des ministres.

Réflexion faite, mon étonnement a bien vite cessé.

Je me suis rappelé que l'an dernier, au Sénat, Son Exc. M. Duruy s'était plaint de l'abaissement de notre littérature.

Je me suis rappelé aussi que, de votre côté, vous vous étiez plaint un jour de ce que l'Académie était devenue un corps politique.

«Pourquoi n'y entrez-vous pas avec vos amis?» dit alors M. Picard.

Serait-ce donc là, grands dieux! le secret des critiques de forme que vous adressez à ma brochure?

L'Académie étant devenue un corps politique, vous êtes devenus, vous, messieurs les ministres, un corps littéraire.

L'Académie s'occupant de budget, de paix et de guerre, vous avez voulu vous occuper de beau langage.

C'est très rationnel.

Ainsi, maintenant, ce sont les fonctionnaires publics en habits dorés, brodés, chamarrés, qui vont conduire le chœur des Muses?

Je n'y vois pas d'objection.

Pourquoi vos préfets à poigne ne viendraient-ils pas gourmander les poëtes après avoir morigéné les électeurs?

Après avoir administré — tout le monde sait avec quel succès — les finances de la ville, pourquoi M. Haussmann ne serait-il pas apte à réglementer la république, ou, si vous l'aimez mieux, l'empire des lettres?

Mais vous comprenez, monsieur le ministre,

que je voudrais être fixé sur la forme qui peut vous être agréable.

Les formes littéraires sont si variées!

Il y a la forme simple, la forme pompeuse, la forme véhémente, et *tutti quanti*, qu'il serait trop long d'énumérer.

Je vous en supplie donc, sur cette question de forme, veuillez me donner votre avis.

M. le ministre d'État est, dit-on, tout-puissant; on a même prétendu que c'était un vice-empereur.

Est-ce la forme littéraire qui lui plaît le plus que je dois adopter?

Alors, le style de ma brochure est trop simple; il faut y mettre un peu de véhémence. Tout le monde sait, en effet, que la forme véhémente a toutes les préférences de S. Exc. M. Rouher.

Ainsi :

Il était véhément quand, du haut de la tribune, il nous déclarait naguère que nous n'avions plus à espérer de concessions libérales;

Il était véhément quand, quelques mois après, il proclamait, du haut de la même tribune, que des concessions libérales étaient indispensables;

Il est véhément quand il dit oui,

Véhément quand il dit non,

Véhément quand il ne dit ni oui ni non,
Véhément, toujours véhément!

Vous sentez donc que la véhémence doit être chez lui une seconde nature, puisqu'il la met ainsi au service de toutes les causes et de toutes les thèses les plus contradictoires.

Dois-je, au contraire, satisfaire les vœux de M. le ministre de l'instruction publique?

Oh! pour lui, il est tout à la féerie, au drame et à la tragédie.

Pourquoi diable s'occupe-t-on de politique?

Évidemment, c'est la cause de notre abaissement littéraire!

Pourquoi pas de grosses tragédies de cinq ou six actes au moins?

Il n'est pas non plus, que je sache, ennemi de la comédie.

Aimez-vous ce genre de composition?

Je puis vous satisfaire. Rien de plus facile que de transformer ma brochure en tragédie, en comédie, en vaudeville ou en drame.

Tenez, voilà un petit projet dont je vais vous donner un simple aperçu, et que je pourrais mettre tout de suite à exécution s'il vous était agréable.

Aussi bien je crois que le public n'en serait que plus content.

Quel intérêt voulez-vous qu'il prenne à une brochure qui ne contient guère qu'une compilation de vos journaux officiels?

Mon projet serait de faire de *la Corruption électorale* une comédie-vaudeville, avec des intermèdes de prestidigitation.

A la première scène, on verrait M. Calvet-Rogniat accompagné de son veau, qui depuis peu, grâce aux dénégations de cet honorable, semble s'être métamorphosé en canard.

Après on verrait, traînés dans des chars de triomphe tout empanachés de drapeaux, les vieux débris de nos glorieuses armées, chantant d'une voix émue l'hymne de la reine Hortense.

Le peuple, ivre d'enthousiasme et de bière du Nord, leur ferait cortège.

Pour délasser les spectateurs de toutes ces émotions, il y aurait un petit intermède où M. le maire de*** étalerait ses grands talents d'escamotage électoral avec ses boîtes à double fond.

On entonnerait ensuite le chœur des buveurs, conduit par M. B... avec ses vingt mille litres de bière.

Et puis, vers la fin, surviendraient le maire

de***, « qui se f... de la loi; le sous-préfet de***, « qui se f... des journaux, et le gendarme de***, « qui f... les spectateurs à la porte ».

Ce projet sourit-il à Votre Excellence?

Si oui, un mot, et dans vingt-quatre heures je l'aurai mis à exécution.

Je suis tellement plein de mon sujet que ce ne sera pour moi qu'un jeu.

S'il ne vous plaît pas, de grâce, monsieur le ministre, dites-moi ce qui peut vous sourire. Pour vous être agréable, je ne reculerais même pas devant les formules algébriques.

Mais ce n'est pas tout.

Il paraît que le fond de ma brochure n'a pas non plus charmé Votre Excellence.

Pourquoi?

Je n'ai rien écrit, cependant, qui ne fût servilement copié dans vos journaux officiels ou officieux.

Est-ce que, par hasard, on tendrait dans ces journaux bien pensants des piéges aux publicistes naïfs?

Est-ce que ce qu'ils peuvent publier avec votre approbation deviendrait dangereux et punissable dans ma bouche ou sous ma plume?

Je ne puis le croire.

Votre loyauté est trop connue, et le gouvernement que vous servez est trop au-dessus de la suspicion pour qu'on puisse se permettre une accusation pareille.

Ce que vous avez condamné au fond, ce sont peut-être les réflexions dont j'ai fait suivre les documents officiels.

Voulez-vous savoir où j'ai puisé ces réflexions?

Je les ai prises dans Cormenin, que j'ai eu tort sans doute de citer textuellement en maints endroits.

Cormenin (M. le ministre le sait mieux que moi) a écrit ses pamphlets sous le régime du suffrage restreint, sous Louis-Philippe, un cadet de la maison de Bourbon, presque légitimiste

Or laisserez-vous soupçonner que sous le régime du suffrage universel, sous Napoléon III, élu par sept ou huit millions de bulletins de vote, la liberté se trouve moins grande que sous Louis-Philippe?

Car, pour ces mêmes idées, Cormenin n'a été ni poursuivi ni inquiété.

Et puis, songez donc !

Cormenin était un des serviteurs dévoués de l'empire; il fut un des premiers à se rallier à votre drapeau. Il y a même des hypocondriaques qui ne le lui ont point pardonné, et qui pensent que ses hymnes à la Liberté lui prédisaient une autre fin.

Si vous me condamnez,

C'est donc Cormenin que vous atteindrez, et, de plus, vous serez obligé d'avouer que la liberté politique, sous Louis-Philippe, était plus grande que sous l'empire,

Ce qui serait un blasphème.

Toutefois, comme je suis de bonne composition, si ces extraits de Cormenin pouvaient vous chagriner, je suis disposé à les supprimer.

Mais alors, prenez garde!

Je vous promets de vous en trouver d'autres qui seront à coup sûr plus redoutables et que vous n'attaquerez pas.

Quand l'empereur n'était encore qu'un prince prétendant et que le prisonnier de Ham, il a dit sur la corruption électorale des choses bien autrement énergiques.

Voudriez-vous blâmer l'empereur en ma personne?

Si cela était, je me résignerais avec orgueil. On ne saurait payer trop cher la gloire d'être du même avis que ce grand homme d'État et ce grand capitaine.

Enfin, monsieur le ministre, et pour me résumer en deux mots, je suis disposé à sacrifier ma brochure, forme et fond, afin de vous être agréable.

Mais, comme j'ai la rage de penser et d'écrire, rage qui se passera probablement avec les années (elle a passé à tant d'autres plus indignés, plus passionnés que moi!), mais rage cependant à laquelle il faut bien aujourd'hui donner satisfaction, je vous en prie, je vous en supplie, veuillez me renseigner sur la nature des sujets que je peux traiter et sur la forme qu'il me faut leur donner pour vous plaire.

Lorsque vous m'aurez éclairé sur ce point, vous pourrez avoir la certitude que tout ce que je publierai à l'avenir, en France comme en Belgique, en Belgique comme en France, vous sera agréable dans la forme ainsi qu'au fond.

En attendant une réponse que j'ai l'honneur de solliciter de Votre Excellence,

Veuillez croire à mon profond dévouement pour l'empereur et pour vous.

CONSTANT FENET,
Auteur de la *Corruption électorale*.

Paris, 17 avril 1869.

DU MÊME AUTEUR

Les juges de commerce. — Paris, 1867, avec l'épigraphe suivante :

> Le mal auquel il s'agit de remédier, c'est-à-dire l'absence de connaissances juridiques chez les juges de commerce, ce mal est très grave.
>
> DEMANGEAT.

Brochure qui a reçu les suffrages de nos principaux jurisconsultes.

« Cette étude, a dit M. Paringault, professeur honoraire à la Faculté de droit de Nancy, renferme de fort bonnes idées, très dignes d'examen et propres à faire leur chemin ; elle est d'ailleurs écrite dans un style lucide et ferme dont on doit féliciter l'auteur. » — « J'ai lu ce livre avec beaucoup d'intérêt, surtout parce qu'il contient de grandes vérités, qu'il signale des inconvénients graves et qu'il émane d'un jeune homme animé des meilleurs sentiments... On y remarque une double qualité sur laquelle nous ne pouvons trop insister, un grand amour du travail allié à un sentiment profond de la justice et de l'équité ..» (Chauveau Adolphe, doyen de la Faculté de droit de Toulouse.)

« ...Les critiques de M. Fenet sont justes et méritent crédit... L'auteur, en signalant l'ignorance des juges consulaires au point de vue du droit, met en relief plusieurs décisions (véritables bévues) rendues par certains tribunaux de commerce...

En terminant, il indique les réformes salutaires et trace un programme d'études pour les aspirants à cette magistrature... » (*Revue judiciaire du Midi*, novembre 1867.) — « ...L'organisation des tribunaux de commerce a soulevé un grand nombre de critiques, et des auteurs ont été jusqu'à en demander la suppression. M. Constant Fenet, qui descend dans la lutte avec une bouillante ardeur pour déclarer la guerre aux abus, ne propose pas l'abolition des tribunaux consulaires; mais il est d'avis de changer radicalement les bases de cette institution. Il exigerait principalement des aspirants juges de commerce la connaissance de la loi avant de leur donner le mandat de l'appliquer... leur assurerait un traitement, instituerait un ministère public auprès de ces juridictions... » (*Journal du Palais*, 1868, 10e livraison.) — « ...M. Fenet développe avec vivacité les motifs de ses propositions... Elles sont dignes d'une attention sérieuse, et le jeune auteur, sous une forme parfois ironique et légère, produit de graves raisons et répand des lumières... » (Sirey, *Recueil des Lois et Arrêts*, 7e cahier, 1868.)

Guide des commerçants en matière contentieuse. — Paris, 1868, 2e édition.

Cet ouvrage peut en outre servir de manuel aux juges de commerce, aux agréés et aux arbitres-rapporteurs.

Question de légitimité d'enfant. — Paris, 1869. (Collaboration au journal *le Palais*.)

En préparation:

De la corruption électorale, comédie-vaudeville avec des intermèdes de prestidigitation.

6427 — Paris, imprimerie D. Jouaust, rue Saint-Honoré, 338.

www.ingramcontent.com/pod-product-compliance
Ingram Content Group UK Ltd.
Pitfield, Milton Keynes, MK11 3LW, UK
UKHW012250240726
13966UKWH00004B/1368

9 782011 615497